AF322564

COMPAGNIE DES CHEMINS DE FER

DE

PARIS À LYON ET A LA MÉDITERRANÉE

NOTE

Relative à la proposition de loi présentée par M. le baron de Janzé, député, pour la réglementation des Compagnies de Chemins de fer.

COMPAGNIE DES CHEMINS DE FER

DE

PARIS A LYON ET A LA MÉDITERRANÉE

NOTE

Relative à la proposition de loi présentée par M. le baron de Janzé, député, pour la réglementation des Compagnies de Chemins de fer.

COMPAGNIE

DES

CHEMINS DE FER

DE

PARIS A LYON

ET A LA

MÉDITERRANÉE

DIRECTION GÉNÉRALE

NOTE

Relative à la proposition de loi présentée par M. le baron de Janzé, député, pour la réglementation des Compagnies de Chemins de fer.

Paris, le 6 Avril 1880.

A la date du 16 Mai 1879, la Compagnie des chemins de fer de Paris-Lyon-Méditerranée avait préparé une note relative à la proposition de loi de M. Germain Casse et de plusieurs de ses collègues, tendant à régler les rapports entre les Compagnies de chemins de fer et leurs agents commissionnés.

Dans la séance du 15 janvier 1880, M. le baron de Janzé a présenté, à la Chambre des députés, une nouvelle proposition qui peut être considérée comme un amendement à la proposition de M. Germain Casse ; et toutes les observations de notre note du 16 mai 1879 s'appliquent au nouveau projet soumis à la Chambre.

Certaines allégations de l'Exposé des motifs, joint au projet de M. de Janzé, nécessitent cependant une réponse spéciale ; et tel est le but de la présente note, dans laquelle nous nous bornerons à discuter les faits imputés à la Compagnie de Paris-Lyon-Méditerranée.

M. de Janzé paraît surtout préoccupé du droit reconnu par la jurisprudence aux Compagnies de chemins de fer d'infliger des amendes à leurs agents ; et, pour montrer quel arbitraire absolu préside, suivant lui, à la fixation du chiffre de l'amende applicable à raison d'une infraction aux Règlements, il cite le fait d'un employé comptable de la gare de

Nemours qui, ayant oublié de faire suivre comme débours une somme de 15 francs, se vit infliger, pour cet oubli, une amende de 200 francs.

Il ne s'agissait pas, dans l'espèce citée, d'un débours de 15 francs, mais bien d'un débours de 400 francs que la Compagnie dût payer, et dont l'erreur commise par son agent ne permit pas de faire le recouvrement. S'il s'était agi d'un comptable de l'Etat, il aurait dû rembourser intégralement la somme dont il n'avait pas assuré la rentrée. On ne peut taxer d'excès de sévérité la Compagnie de Paris-Lyon-Méditerranée qui a consenti à prendre à sa charge la moitié de la perte résultant de la faute de son agent.

En 1874, quatorze mécaniciens sont frappés chacun d'une amende de 100 francs, pour avoir, sans bons, pris de l'huile à un graisseur. Un de ces agents, Misset, montant la machine n° 1698, soutient qu'on l'a confondu avec son collègue Musset, montant la machine 1898, mais ses réclamations ne sont pas écoutées, et, pour éviter une révocation, il dût se soumettre.

Nos dossiers constatent bien la réclamation du mécanicien Misset, mais ils établissent aussi qu'il fut procédé à une enquête sérieuse qui ne put laisser aucun doute sur la culpabilité de cet agent, culpabilité qui résultait d'ailleurs des aveux du graisseur qui lui avait délivré de l'huile frauduleusement. Quant à la confusion possible avec le mécanicien Musset, Misset n'en parla pas en 1874 ; d'ailleurs Musset avait commis la même faute, il fût également puni; il ne montait pas la machine 1898, comme le dit l'Exposé des motifs, mais bien la machine 1840, à laquelle il était attaché depuis le 4 février 1873. La machine 1898 était conduite par le mécanicien Lajame.

Le fait reproché à Misset constituait un véritable détournement. Tenant compte de ses anciens services, on n'a pas voulu le congédier ; et il a été admis à la retraite de faveur le 1er Juillet 1878. Il était à cette date âgé de 51 ans, avait 22 ans de service, et touche une pension annuelle de 1.080 francs.

Le mécanicien Remlinger, de la Compagnie de Paris-Lyon-Méditerranée et non de la Compagnie de l'Est, comme le dit l'Exposé des motifs, est révoqué pour n'avoir pas voulu accepter une punition qui lui était infligée à raison d'une collision qui eut lieu le 20 avril 1871 sur la ligne de Besançon à Bourg, collision au sujet de laquelle la responsabilité de cet agent fut écartée par le tribunal de police correctionnelle.

Si le mécanicien Remlinger a été acquitté par les tribunaux à l'occasion de la collision du 20 avril 1871, cela prouve seulement que les magistrats appelés à le juger n'ont pas trouvé qu'il eût contrevenu aux prescriptions du Code pénal ou des lois qui régissent les chemins de fer. Mais cela n'établit nullement qu'il n'eût pas contrevenu aux règlements de la Compagnie.

Pour remplir ses devoirs d'employé d'une Compagnie de chemins de fer il serait insuffisant de ne pas s'exposer à une répression correctionnelle. Dans beaucoup de cas nous devons imposer à notre personnel des obligations qui n'ont pas de sanction dans le Code pénal; et personne n'admettra que, pour être un employé modèle, il suffise de ne pas avoir de casier judiciaire.

L'enquête faite par le service de la Traction a établi que le mécanicien Remlinger n'avait pas fait tout ce que lui prescrivaient nos règlements pour éviter la collision du 20 avril 1871, et le jugement du tribunal ne pouvait avoir à s'expliquer sur ce point.

Le Chef du service de la Traction a jugé qu'il engagerait sa responsablité en continuant à confier la direction d'une machine et la vie des voyageurs à un agent dans lequel il ne pouvait plus avoir confiance, et il a cru devoir proposer la révocation de cet employé.

Nous ajouterons que si la Cour de cassation a annulé l'arrêt qui avait accordé des dommages-intérêts au sieur Remlinger, celui-ci a eu soin, en quittant la France, de se soustraire aux restitutions qu'il avait à faire de ce chef à la Compagnie.

« Il résulte, dit l'Exposé des motifs, de la jurisprudence de la Cour
« de cassation que les agents au service des Compagnies de chemins
« de fer peuvent être renvoyés sans indemnité, soit par un caprice, soit
« pour une faute qu'il est judiciairement établi ne pas leur être impu-
« table.... Lorsque la jurisprudence établie aboutit à de telles consé-

« quences, n'est-ce pas un devoir impérieux pour le législateur d'inter-
« venir? »

M. le baron de Janzé voudra bien reconnaître que les fautes des employés d'une Compagnie de chemins de fer entraînent généralement pour cette Compagnie des responsabilités pécuniaires, et que, par suite, elle est intéressée à avoir de bons agents. Est-il admissible, dans ces conditions, qu'une Compagnie congédie, sans motifs sérieux, un agent faisant un bon service, pour avoir à le remplacer par un employé nouveau qu'il faudra former et qui, jusqu'à ce qu'il soit au courant, commettra, quoi qu'on fasse, des irrégularités qui se traduiront, pour la Compagnie, par des pertes d'argent? Le projet de loi, ainsi que ceux qui ont déjà été présentés dans le même esprit, en limitant l'action des Compagnies sur leur personnel, sera surtout utile pour les employés médiocres. Est-ce là ce que peut vouloir le législateur?

Le chiffre des révocations atteint-il, au moins, des limites telles que l'on puisse regretter la faculté que la législation actuelle laisse aux Compagnies? M. de Janzé constate que, sur 38,379 agents inscrits depuis 1864 à la Caisse des retraites de la Compagnie de Lyon, 14,000 « ont été radiés pour révocation ou autres causes. » Il eût été intéressant d'indiquer ces autres causes ; et puisque M. de Janzé n'a pas cru devoir les donner, nous devons les faire connaître.

Nombre des agents inscrits à la Caisse des retraites du 1er juillet 1864 jusqu'au 31 décembre 1878 . . . . 38.821.

    Radiations :

Démissionnaires.	4.866	
Révoqués.	2.516	
Décédés	2.724	14.487
Congédiés avec indemnités	2.080	
Retraités	2.301	

Nombre des agents inscrits à la Caisse des retraites au 31 décembre 1878. . . . . 24.334

Ainsi, du 1er juillet 1864 au 31 décembre 1878, soit en 14 ans et 6 mois, sur un personnel de 38,821 agents, le nombre des révocations a été

de 2.516, soit de 6.5 0/0 ; ce qui représente, sur 100 agents, *une* révocation en *deux ans*.

En présence de ces chiffres on voudra bien reconnaître, nous l'espé-
rons, que si les Compagnies sont animées du mauvais esprit signalé par
M. le baron de Janzé, la Compagnie de Lyon sait du moins, dans l'intérêt de la bonne gestion de ses affaires, user avec modération du pouvoir que la loi reconnaît à chacun de choisir librement ceux dont il veut,
moyennant rétribution, utiliser les services.

Nous ne dirons qu'un mot du reproche que M. le baron de Janzé fait
aux Compagnies de chemins de fer de porter atteinte à la liberté du travail en se coalisant pour ne pas prendre à leur service un employé révoqué par l'une d'elles. « L'Etat, dit l'Exposé des motifs, comme le pre-
« mier particulier venu, est maître de faire ce qu'il veut chez lui. Tandis
« que les Compagnies de chemins de fer, sociétés distinctes, ayant
« chacune leur expression propre, ne peuvent se concerter pour pronon-
« cer la proscription de tout agent révoqué par l'une d'entre elles, sans
« tomber sous le coup de la loi pénale.... Le Ministre de la Justice
« actuel ne manquera pas à l'occasion, nous en sommes convaincus, de
« rappeler les Compagnies au respect de la loi et de la liberté du tra-
« vail. »

M. de Janzé peut se rassurer ! Les Compagnies ne se rendront pas
passibles des peines édictées par l'article 414 du Code pénal. Alors que
pour remplir chaque vide qui vient à se produire, nous n'avons que l'em-
barras du choix entre de nombreux candidats munis des meilleures
recommandations, dont beaucoup sont appuyés par des sénateurs et
des députés, il n'est besoin d'être lié par aucun engagement pour ne pas
faire entrer dans notre personnel un postulant que nous savons avoir
été révoqué par une autre Compagnie. Un pareil précédent n'est évi-
demment pas fait pour lui mériter un tour de faveur ; et il ne faut, de la
part des Compagnies, que le souci des responsabilités qui leur incom-
bent pour les engager à ne point porter leur choix sur des hommes qui,
loin d'avoir fait leurs preuves, doivent au contraire être supposés peu
propres au service des chemins de fer.

L'Exposé des motifs prétend qu'avec une menace de révocation on

oblige les agents à obéir à n'importe quel ordre, qu'on force un mécanicien « à partir avec un train dont la charge est excessive pour sa ma-
« chine, en sorte qu'il court risque de rester en détresse et de provoquer
« ainsi les plus graves accidents. » M. de Janzé entend-il que chaque
mécanicien doive être absolument libre de fixer lui-même le poids du train
qu'il consent à traîner? Suppose-t-on que le mécanicien est plus apte que
son chef de dépôt, que les ingénieurs de traction, à déterminer la puis-
sance d'une locomotive? Il ne faut pourtant pas admettre que ce soit uni-
quement dans les derniers échelons de la hiérarchie que l'on trouve intel-
ligence, savoir et honnêteté ; et nous ne croyons pas que, sur le réseau
exploité directement par l'Etat, on ait, pour le service de la traction,
d'autres règles que celles en vigueur sur les grands Réseaux français.

Du reste, à la Compagnie de Lyon, on admet parfaitement que telle
circonstance puisse se produire qui exige un changement dans la charge
normale d'un train, et le règlement porte :

« Lorsque, pour une cause imprévue, la nécessité d'une réduction de
« la charge d'un train se présente sur un point de la section où il n'y
« a pas de dépôt, le mécanicien peut requérir du chef de gare ou du chef
« de train la réduction de la charge qu'il remorque... »

Cette latitude est accordée par le Règlement au mécanicien, précisément
parce que la Compagnie tient à éviter les détresses qui, comme le fait
remarquer M. de Janzé, peuvent être des causes d'accidents. Quel intérêt
pourrait avoir un chef de service à donner aux trains des surcharges?
Il n'est pas besoin d'être très au courant des questions de chemins de
fer pour se rendre compte de l'importance des pertes qui sont la consé-
quence d'un accident sur la voie ferrée. L'intérêt bien entendu des Compagnies suffirait seul pour leur éviter de se rendre coupables des abus
que leur impute l'Exposé des motifs.

M. de Janzé signale ce fait qu'en 1875 la Cour de Montpellier consta-
tait qu'un aiguilleur avait eu à faire un travail de quatorze nuits consécu-
tives. Mais il n'y a là rien que de normal ; et cela se produit partout où
un poste doit être surveillé nuit et jour ; un homme fait le service de jour
et se repose la nuit ; un autre fait le service de nuit et se repose le jour ;
et cela pendant quinze jours, après lesquels l'agent de nuit passe au service de jour. Loin de se plaindre de cette organisation qu'il serait très

facile de modifier, les agents seraient au contraire plutôt disposés à demander que les changements de service fussent moins fréquents.

« Pour arriver, dit l'Exposé des motifs, au moment où on l'admettra
« à réclamer sa pension de retraite, un agent doit : avoir accepté, sans
« mot dire, toutes les punitions justes ou injustes qu'on lui a infligées ;
« n'avoir jamais refusé de faire un service quelconque, quelle que fût sa
« durée ; n'avoir été jamais blessé, ni frappé d'une infirmité ; n'avoir
« même jamais été arrêté par une indisposition quelconque. »

Si c'était là la vérité, on pourrait se demander comment tout le personnel d'une Compagnie n'est pas renouvelé en quelques années ; et les chiffres donnés ci-dessus, au sujet du mouvement des inscriptions à la Caisse des retraites, répondent, croyons-nous, à l'accusation. Pour en finir avec les reproches d'inexorable dureté dans la direction du personnel qui sont adressés aux Compagnies, nous donnerons le détail des sommes qu'en 1878, la Compagnie de Lyon a dépensées, de son plein gré, pour venir en aide à ses agents :

Dépenses du service médical	337.300 fr.	»
Salaires à des agents malades.	668.600	»
Secours à des agents malades ou à leur famille. .	440.600	»
Pensions à des agents ou à des membres de leur famille en dehors des obligations de la Caisse des retraites	159.320	»
Allocation spéciale par suite de la cherté des vivres.	447.300	»
Contribution de la Compagnie à la Caisse des retraites	1.565.000	»
	3.618.120 fr.	»

Un employé n'a pas, dit-on, le droit d'être malade ! et la Compagnie paye, en une année, 668,000 francs de salaires à des agents absents pour cause de maladie, outre qu'elle dépense pour eux, en frais de médecins et de médicaments, la somme de 337,000 francs, soit en tout, plus d'un million de francs.

Sur les produits nets, la Compagnie prélève, pour améliorer la situation de son personnel, 3,600,000 francs, qu'elle emploie en pensions et secours ; et on ne craint pourtant pas de qualifier son attitude vis-à-vis de ses employés dans des termes qui paraîtraient bien sévères, alors même qu'elle se serait bornée à remplir strictement ses obligations.

L'Exposé des motifs trouve surprenant que tout agent quittant la Compagnie ne reçoive pas une pension proportionnelle à ses années de services : mais c'est là un principe dont n'ont jamais bénéficié les fonctionnaires au service de l'État, et qui, s'il était appliqué à la Compagnie de Lyon, aurait pour résultat de renverser complètement l'organisation de la Caisse des retraites qui y fonctionne à la grande satisfaction du personnel. Dans notre note du 16 mai 1879, nous avons indiqué le mode de fonctionnemnnt de cette Caisse, et nous ne croyons pas trop nous avancer en affirmant qu'on soulèverait les plus vives réclamations de la presque unanimité des agents si l'on nous obligeait, directement ou indirectement, à supprimer une institution qui leur donne toute sécurité pour leur avenir.

L'Exposé des motifs revient sans cesse sur l'impossibilité pour les employés de la Compagnie de Lyon, d'arriver à avoir le nombre des années de services nécessaire, afin d'obtenir une pension de retraite ; et il signale, à l'appui de cette allégation, le petit nombre des retraites déjà liquidées dans les conditions réglementaires. Mais un semblable argument n'est réellement pas sérieux. La Compagnie de Paris-Lyon-Méditerranée n'a été constituée qu'en 1857 ; elle n'avait alors qu'un personnel jeune et peu nombreux. C'est par suite des extensions du Réseau depuis cette époque que le personnel a dû s'accroître, et toujours avec de nouveaux agents n'ayant pas atteint 30 ans. Il n'est donc pas surprenant que peu d'employés se soient trouvés, jusqu'à ce jour, dans les conditions voulues pour réclamer ou même désirer leur mise à la retraite. Et cependant, au 31 décembre 1878, on avait liquidé 2,710 pensions, représentant un total de rentes viagères de 2.011.000 francs, chiffre qui ne nous parait pas aussi dérisoire que le prétend M. de Janzé.

Mais, dit-on, la plupart de ces pensions n'ont pas été données à des agents remplissant les conditions réglementaires : 55 ans d'âge et 25 ans de services. Cela est vrai ! et résulte, comme nous venons de l'indiquer, de la composition même de notre personnel; mais cela prouve aussi que la Compagnie use largement de la faculté qu'elle s'est réservée d'accorder des pensions, par anticipation, aux agents ayant 50 ans d'âge et 15 ans de services: et c'est précisément ce qui a été fait pour ces employés qui fait comprendre au personnnel en service tous les avantages qu'il peut retirer et retirera de la Caisse des retraites quand le moment sera venu.

L'Exposé des motifs cite le mécanicien Vorbe, congédié après dix-neuf ans de services, et auquel on offre seulement une somme de 2.940 francs.

Cet agent n'a pu être conservé en service par suite du mauvais état de sa santé; il ne remplissait même pas les conditions voulues pour être admis à la retraite anticipée; et on lui a alloué une indemnité gracieuse de 2.960 francs. Ses versements à la Caisse de retraite s'élevaient à 1.269 fr. 85 c.; on lui a donc donné une somme bien supérieure à ses versements augmentés des intérêts. Qu'aurait fait l'État en pareille circonstance, s'il s'était agi d'un de ses fonctionnaires ?

M. de Janzé veut que toutes les retenues opérés sur le traitement d'un agent, en vue de lui assurer une retraite, soient versées, à son compte personnel, à la Caisse des retraites de la vieillesse et restent sa propriété. S'est-il rendu compte des résultats de cette mesure?

Supposons un agent ayant été pendant :
10 ans au traitement de . . . . 1.500 fr.
10 — . . . . 2.000 fr.
5 — . . . . 2.500 fr.
et prenant sa retraite à 55 ans, après 25 années de service.

Des retenues de 4 0/0 sur son traitement, versées chaque année à la Caisse des retraites de la Vieillesse, gérée par l'État, lui assureraient une pension viagère de 375 francs. La Caisse des retraites de la Compagnie de Lyon, dans les mêmes conditions, lui accorde une pension de 1.200 francs.

Après avoir répondu aux divers reproches que nous adresse M. le baron de Janzé, reproches qui ont motivé les dispositions législatives qu'il propose, examinons sommairement les mesures qu'il réclame contre les Compagnies.

« Articles 1 et 2. — L'agent commissionné d'une Compagnie de chemins de fer qui sera congédié, sans motifs jugés légitimes par les tribunaux, aura droit à une indemnité qui ne pourra être inférieure à douze mois de son traitement.

« Par contre, l'agent commissionné pourra, quand il le jugera convenable, quitter la Compagnie en la prévenant un mois à l'avance. »

Les Compagnies n'ayant aucun intérêt à vouloir garder un employé malgré lui, nous ne saurions faire, au point de vue pratique, aucune objection à la faculté que l'article 2 du projet laisse aux agents ; mais nous avons l'obligation de protester contre les dispositions de l'article 1ᵉʳ.

Aujourd'hui, qu'il s'agisse d'un ingénieur entrant au service d'une société quelconque, Compagnie de navigation, de Chemins de fer, etc., qu'il s'agisse d'un ouvrier venant travailler dans les chantiers d'une de ces sociétés, les rapports des deux parties contractantes, s'il n'y a pas convention spéciale, librement discutée, sont réglés par l'article 1780 du Code Civil, relatif au contrat de louage. On ne peut engager ses services qu'à temps, et chaque partie reste libre de faire cesser le contrat de louage quand elle le juge convenable.

Le projet de loi veut créer, en ce qui concerne les Compagnies de Chemins de fer seules, un contrat de louage d'une nature spéciale, contrat qui présenterait cette particularité que les droits des deux parties intéressées seraient différents.

M. de Janzé n'a sans doute pas remarqué que les agents au service des Compagnies de chemins de fer ne constituent qu'une infime minorité dans la foule des Employés qui, en France, dans le commerce et l'industrie, louent leurs services à autrui. Et, alors que le contrat de louage, tel qu'il est réglé par le Code Civil, continuera à être appliqué partout, pourquoi le proscrire quand il s'agira des rapports des Compagnies et de leurs agents ? Soutiendra-t-on que des abus, s'il en a été commis dans les Compagnies de chemins de fer, ne peuvent se produire dans les grandes usines métallurgiques et autres établissements industriels ; que les chefs qui exploitent les voies ferrées sont d'une nature particulière, exigeant de la part du législateur des précautions spéciales ? Dans la première partie de cette Note nous avons fait connaître ce qu'il fallait penser des reproches spécifiés que nous adresse M. de Janzé. Qu'il nous suffise de rappeler que les révocations d'agents qu'on ne cesse de représenter comme assez multipliées pour enlever toute sécurité au personnel, se sont élevées à 2.516 en 14 ans et 6 mois, sur un personnel de 38.800 agents, *ce qui représente sur 100 agents une révocation en deux ans.*

M. de Janzé, qui depuis huit ans s'occupe de cette question, est naturellement très connu des employés qui ne comptent pas exclusivement sur leurs services pour conserver leur situation ; et il nous permettra d'exprimer le regret que, pour juger notre personnel, il se base sur les renseignements qui ont pu lui être fournis par des agents ayant mérité d'être révoqués, et qui, naturellement, ne lui ont pas présenté sous un jour qui leur fût défavorable, les faits qui nous ont obligés à les congédier.

On nous objectera peut-être qu'on n'enlève pas à une compagnie de chemins de fer le droit de se séparer d'un agent dont elle ne voudrait plus utiliser les services ; mais que les tribunaux apprécieront si la Compagnie a eu des motifs légitimes de le congédier. Nous avons certainement pleine confiance dans les décisions judiciaires ; mais nous ne comprenons pas pourquoi l'on nous obligerait à des justifications qui ne seront exigées d'aucun industriel, d'aucun commerçant, d'aucune société, quelle que soit son importance, pourvu qu'elle n'exploite pas un chemin de fer. Si le projet de loi était adopté, il est certain qu'il n'y aurait pas un agent révoqué, quels que fussent ses torts, qui ne tentât de bénéficier des dispositions de l'article 1er du projet de loi. De plus, les Tribunaux peuvent ne pas se rendre un compte exact des nécessités du service d'un chemin de fer ; et nous en avons vu un, il y a quelques années, déclarer que le reproche d'intempérance, fait par nous à un agent, n'était pas suffisant pour justifier sa révocation. Avec la législation actuelle, la Cour de Cassation peut réformer de semblables jugements ; elle ne le pourrait plus si, le principe du droit à indemnité étant établi par la loi, son application ne devait dépendre que d'une question de fait, qui ne serait pas de la compétence de la Cour Souveraine.

L'article 3 du projet décide qu'une loi votée par les Chambres établira un Code pénal spécial aux agents commissionnés des Compagnies de chemins de fer.

L'article 2 du projet de M. Germain Casse se bornait à demander un règlement d'administration publique, et seulement pour déterminer les causes de révocation. M. de Janzé va plus loin, et, pour toute infraction aux règlements de la Compagnie, c'est la loi qui doit fixer la peine encourue. Mais il est de principe, dans la législation française, que les Tribunaux seuls peuvent appliquer les peines édictées par une loi ; et, pour être conséquent, il fallait demander aussi que, pour toute irrégularité commise dans le service, les agents fussent traduits devant les Tribunaux. Au contraire, dans les articles 4, 5, 6, 7, 8, 9, le projet reconnaît aux Compagnies le droit d'infliger des punitions, mais à la condition, qu'elles soient prévues par le Code pénal spécial, et il institue un Comité exécutif chargé de juger les réclamations des agents qui croiraient avoir à se plaindre.

Nous croyons inutile d'examiner en détail le mode d'organisation et de fonctionnement de ce Comité. Mais tous ceux qui ont eu à diriger un personnel nombreux reconnaîtront qu'aucun chef ne voudrait accepter la responsabilité morale d'un service avec les entraves que M. de Janzé met à son action.

Les derniers articles du projet de loi interdisent aux Compagnies d'organiser une Caisse de retraites alimentée, en tout ou en partie, par des retenues faites aux agents ; prescrivent la dissolution de celles qui fonctionneraient actuellement dans ces conditions, et stipulent que toutes retenues faites aux agents devront être versées à la Caisse des retraites pour la vieillesse gérée par l'État. Ils autorisent bien les Compagnies à instituer des Caisses de retraites, mais seulement avec leurs seules ressources ; et encore, même dans ce cas, elles seront astreintes, pour la liquidation des pensions qu'elles croiraient devoir accorder gracieusement à leurs agents, à des obligations déterminées par le projet de loi.

M. de Janzé se fait illusion s'il suppose qu'une Compagnie consentirait à instituer une Caisse de retraites dans les conditions qu'il indique. L'adoption de son projet de loi n'aurait donc d'autre résultat que de laisser les agents en présence de la Caisse de la Vieillesse gérée par l'État ;

et les chiffres que nous avons donnés plus haut font connaître les avantages qu'ils ont à en espérer. Après s'être imposé une retenue de 4 0/0 sur son traitement, un agent retraité à 55 ans d'âge, après 25 ans de service et ayant joui de traitements de 1,500, 2,000, 2,500 francs, obtiendrait une pension de retraite de 375 francs. Il est certain qu'une semblable perspective causerait dans notre personnel une véritable consternation, alors que tous les agents savent que dans les mêmes conditions la Caisse des retraites, dont M. de Janzé réclame la suppression, leur assure aujourd'hui une pension de 1,200 francs.

En résumé, le projet de loi soumis à la Chambre des Députés serait, croyons-nous, s'il était adopté, désastreux pour les employés de la Compagnie Paris-Lyon-Méditerranée auxquels il enlèverait la sécurité pour l'avenir qu'ils trouvent dans la Caisse des retraites qui fonctionne aujourd'hui ;

Il ne donnerait aucune garantie sérieuse aux agents qui, faisant convenablement leur service, n'ont aucune crainte de perdre leur position ;

En entravant, dans une certaine mesure, l'action de la Compagnie à l'égard des quelques mauvais employés qui peuvent se rencontrer dans un personnel aussi nombreux, il nuirait incontestablement à la bonne organisation des services, et pourrait, par suite, avoir les conséquences les plus graves au point de vue de la sécurité.

Nous ne pouvons qu'insister énergiquement, surtout au point de vue de l'intérêt public, pour que le pouvoir législatif ne modifie pas les règles du contrat de louage auxquelles on ne peut réellement faire aucun reproche justifié, même en ce qui concerne les Compagnies de chemins de fer.

Le Directeur général,

PAULIN TALABOT